Carmine Rapisarda

Novara di Sicilia
Tra leggende e tradizioni

La Roccia di Salvatesía

Eda

Stampato a Raleigh Usa
LULU
Novembre 2012

Premessa

Le finalità di queste ricerche sono quelle di dare un assetto tipologico alle numerose leggende e ai diversi miti che si sono tramandati oralmente nel territorio di Novara, al fine di divulgarne i contenuti e preservarne nel tempo la forma.

La tradizione orale, che si è sviluppata in particolar modo in ambienti popolari, dove gli anziani raccontavano ai giovani avvenimenti straordinari con quel tocco di suspense necessario per attirare la curiosità, rievoca la figura del *conteur* arabo e della sua *halqa* (la cerchia di persone che si stringono spontaneamente attorno al narratore). La vogliamo ricordare con i versi di Vittoria Gigante tratti dalla poesia: *U cuntu*: "da bambina amavo una vecchietta... "Accura! Ora vi cuntu un cuntu" e la storia cominciava....[1]

La raccolta si apre con le leggende legate allo stemma della città e al suo nome, successivamente vengono presentate delle narrazioni mitologiche; nella sezione centrale presentiamo una serie di leggende plutoniche, ossia relative alla scoperta o alla ricerca di tesori nei dintorni della città.

Le leggende appartenenti a questa tipologia si innestano e prendono vita dalla particolare situazione geografica e dalle vicende storiche della città di Novara: l'abbondanza di acque e la disposizione del suolo hanno determinato una grande fertilità, hanno reso il territorio abitabile ed ospitale. La città era in passato un importante centro; sorta probabilmente in origine sul Monte Salvatesta è stata trasferita successivamente nella parte bassa.

Alle prime popolazioni indigene in Sicilia si sono succedute varie civiltà: araba, normanna, angioina, aragonese, ecc. e tutte hanno lasciato la loro eredità. A causa delle invasioni, delle epidemie gli abitanti erano spesso costretti a spostarsi e a sotterrare i tesori da loro posseduti. Sul luogo della sepoltura facevano spesso dei segnali di riferimento o per superstizione o, semplicemente, per permettere il successivo recupero. Ciò spiega la scoperta di determinati tesori ed i rituali delle leggende necessari per il ritrovamento, spesso accompagnati da pratiche difficili e irrealizzabili e persino crudeli quali sacrifici umani. Seguono delle leggende prettamente agiografiche, tra le quali alcune storie di miracoli di

---

[1] Vittoria Gigante, *Un fuoco da accendere*, Messina, Sfameri, 2004, p.20.

beati in qualche modo legati al borgo di Novara, essendo un centro dalle forti tradizioni cattoliche; tra il Sei e il Settecento furono costruite ben venticinque chiese e tra i vari culti prevalsero, tra altri, quelli di Sant'Ugo abate, di Santa Barbara, di S. Antonio Abate e di suor Maria Teresa Fontana; i novaresi hanno in qualche modo voluto controllare i quattro elementi: acqua, fuoco, terra, e aria.

Seguono infine alcune leggende fantastiche, con racconti di fate e di fantasmi e sui licantropi.

I miti, i culti e le leggende raccolti sono in parte inediti e in parte estrapolati da precedenti pubblicazioni. La trascrizione delle varie stesure intende dare al lettore una visione poliedrica e complessa delle tradizioni orali trasmesse nei racconti. Le leggende sono state riportate fedelmente, salvo qualche lieve modifica, così come sono state trovate o raccontate, affinché non perdessero quel colore locale che le caratterizza.

Novara di Sicilia- scorcio

Introduzione

Tracciare delle linee di demarcazione nette tra i miti e le leggende, può essere a volte problematico. La loro affinità deriva anche dal fatto che avvenimenti mitici possono essere attribuiti a differenti personaggi sia reali che fantastici. In una classificazione generale è possibile individuare nelle leggende nuclei narrativi scaturenti da fatti reali rielaborati in senso fantastico e che hanno assorbito elementi mitici. Il dato storico viene deformato o arricchito dalla fantasia popolare, i personaggi amplificati o proiettati in una dimensione eroico-religiosa. Tra i temi cari al genere leggendario si possono iscrivere i motivi agiografici che promuovono ed esaltano il culto dei santi.

I presupposti teorici del mito sono quindi da ricercare non in avvenimenti storici, ma nella caratterizzazione divina o comunque sovrumana dei personaggi coinvolti nell'azione, i cui interventi sfuggono alle regole tradizionali dell'uomo. Il culto infine è il tributo d'onore e di venerazione che si rende alle divinità. Esso è un insieme di atti interni ed esterni con cui si manifesta un sentimento religioso.

Per meglio chiarire le differenze, riportiamo alcune definizioni di studiosi di leggende e culti quali Pitrè e Ciaceri.

Un mito (dal greco μύθος, *mythos*, pronuncia *miutos*) è una narrazione investita di sacralità relativa alle origini del mondo o alle modalità con cui il mondo stesso e le creature viventi hanno raggiunto la forma presente in un certo contesto socio culturale o in un popolo specifico. Di solito i suoi protagonisti sono dei ed eroi come protagonisti delle origini del mondo in un contesto sacrale; nella nostra raccolta abbiamo riportato il mito dei ciclopi e i culti sui Giganti e sul dio Peloro.

Il Delehaye reputa che "il mito, la novella, la leggenda e il romanzo appartengano indiscutibilmente alla classe dei racconti d'immaginazione" [2].

Platone riattaccava le credenze popolari alle leggende mitologiche[3]. Fiabe e leggende ci appaiono come tradizioni e per il Vico: «Le tradizioni volgari devono aver avuto pubblici motivi di vero, onde nacquero e si conservarono da intieri popoli per lunghi spazi di tempo»... Lo stesso mito, chiarisce il Croce, per il Vico, è già «storia, quale possono formarsela gli spiriti primitivi»[4]. Una classificazione sui miti è quella che lo vede come allegoria di

---

[2] H. Delehaye, *Leggende agiografiche*, (trad. italiana) Firenze, Libreria editrice fiorentina, 1906, p. 11.

[3] L. Laberthonnière, *Il realismo cristiano e l'idealismo greco*, (trad. Gobetti), Firenze, 1931, p.47.

[4] B. Croce, *La filosofia di G.B. Vico*, Bari, Laterza,1922, p. 65.

verità filosofiche (allegorismo) e quella come storia di personaggi veramente esistiti (evemerismo).

Per quanto riguarda il legame tra i culti e i miti con le leggende riportiamo Ciaceri: "Culti e miti pagani sono in vario modo durati in vita attraverso l'opera di trasformazione del trionfante cristianesimo. E nel caso nostro è meritevole di ricordo un dotto siciliano del sec. XVI, il padre Ottavio Gaetani, il quale rilevava come "ai culti pagani si erano sostituiti i cristiani... Le divinità e gli eroi indigeni scomparvero quasi del tutto dinanzi all'influenza della religione ellenica. Soltanto pochi mantennero traccia del carattere originario. Ed essi erano vere personificazioni di elementi naturali…"". Conclude con una nota sulla politica del governo di Roma che segnò la decadenza delle vecchie religioni: «Serapide ed Iside prendevano il posto dì Zeus e di Proserpina... mentre santi e sante nelle varie città dell'isola cacciavano di posto gli dei e gli eroi del paganesimo.»[5] In conclusione possiamo facilmente distinguere il mito, che stabilisce sempre un rapporto tra l'uomo e il divino, dalla leggenda dove questo rapporto è escluso.

Per Ciaceri le credenze totemiche sono la base primigenia dei motivi mitici, trasformazione di un uomo o di una donna in pietra, quale esso si ritrova nei miti e nelle leggende primitive. Agli antenati si è decisamente sostituito Dio. Al potere del tabù il potere divino.

Le leggende sono dei racconti di avvenimenti, generalmente a carattere religioso, cavalleresco o eroico, ricchi di particolari favolosi e fantastici. Le leggende quindi non raccontano mai dei fatti puramente inventati, ma contengono sempre una parte di verità che viene trasformata in fantasia perché gli uomini vogliono scoprire sempre la causa di certi fatti che non conoscono bene e pertanto cercano di spiegarli con l'immaginazione e non sono mai inventate da una sola persona, ma alla loro affabulazione concorrono sempre più persone che, con il trascorrere del tempo, trasformano un fatto vero in un fatto sempre più leggendario. Lo stesso Pitrè ritiene che nelle leggende abbiamo sempre dei fatti storici o presunti tali, alterati, elaborati dalla fantasia e comunque localizzati.[6]

Le leggende plutoniche, riguardano la ricerca o il ritrovamento di tesori, imprese senz'altro non facili in quanto sono spesso accompagnate da rituali pressoché impossibili da effettuare.

---

[5] E. Ciaceri, Prefazione a *Culti e Miti nella storia dell'antica Sicilia,* Catania, Battiato, 1911.

[6] G. Pitré, *La famiglia, la casa e la vita del popolo siciliano*, Palermo, Libreria internazionale A.Reber, 1913, p.445.

Cocchiara scrive: «In alcune leggende troviamo il motivo principale che per smagare il tesoro è necessaria l'uccisione di un essere umano... Senza poi dire che il motivo del tesoro/carbone si ritrova spesso nelle leggende plutoniche, le quali - appunto per indicarci che il tesoro è ancora in possesso d'una forza infernale - ci narrano di tesori che appena toccati diventano carbone»[7] o è necessario l'uso di un oggetto religioso, vedi la leggenda di Salvateste.

Il pullulare di tesori è giustificato dal Pitrè: *«"Là dove sono ruderi di antichità greche e avanzi della dominazione araba sì è certi dì trovare tesori*". Se si pensa, infatti, che questi tesori sono stati formati soprattutto per le invasioni dei nemici, dato che per una partenza più o meno forzata, il vinto ha pensato di affidare alla terra anziché ai suoi nemici l'oro che egli possedeva. In Sicilia, la tradizione dei tesori nascosti si è formata sotto il periodo arabo-normanno».[8]

A nostro avviso una componente dei racconti plutonici è la ricerca di tesori appartenuti ad un passato ritenuto più florido quale per esempio il periodo arabo, normanno o aragonese, così facendo i nostri *conteurs* riproponevano un tessuto narrativo in cui si intrecciano intimamente la storia e la tradizione culturale millenaria del territorio. Ma sono molte le testimonianze che attestano ritrovamenti di veri tesori da parte di novaresi.

Abbiamo ritenuto opportuno di inserire alcune leggende che anche se non appartenenti al territorio novarese, hanno comunque una radice semantica comune.

Per concludere la nostra raccolta abbiamo riportato la tradizione del gioco del maiorchino con riferimenti storici ed una possibile interpretazione esoterica. Infine un glossario per meglio comprendere certi simboli presenti in alcuni palazzi e chiese a Novara.

Rendiamo omaggio al borgo di Novara per la sua bellezza e per l'aura di mistero che, forse, ha in qualche modo influito nell'immaginario del Conte di Cagliostro le cui origini familiari sono legate a quel territorio.[9]

---

[7] G. Cocchiara, *Genesi di leggende,* Palermo, Palumbo, p. 67.

[8] G. Pitrè, *Usi, costumi, credenze e pregiudizi del popolo siciliano*, Palermo, L.Pedone Lauriel, 1889.

[9] Come prova della discendenza riportiamo l'atto di battesimo di nascita " A 7 marzo 1672 Joseph Cagliostro, et patris, quem deus scit baptizatus a P. Leonardo Maniscalco, Patrinus fuit Simon Flandinus" da estratto libro parocchie dei nati vol 18 f. 144 dell'anno 1665-1673 riportato da Salvatore di Pietro, Ricerche sopra Novara di Siciliae il suo Territorio, libro V, tip. Pontificia, Palermo, 1914, p 33. Lo stesso di Pietro cita anche il libro dei battesimi per dimostrare la presenza dei Balsamo nel territorio novarese infine una

Un ringraziamento devo all'amico Nino Galofaro che, con la sua cortesia dal sapore antico e con la sua indiscussa eleganza, mi ha permesso di conoscere aspetti e caratteristiche del borgo non facilmente visibili e mi ha inoltre pazientemente raccontato leggende e storie con un entusiasmo che solo chi ama le tradizioni può trasmettere, e un grazie all'amico e collega Rosario Torre per le fotografie fornite.

---

testimonianza dallo stesso Cagliostro nel suo diario nei suoi racconti di fanciullezza vanta origini novaresi.

Luigi Natoli, *Cagliostro*, Palermo, Flaccovio, 2007, p. 43. Carlo Matteo Martello ebbe due figlie, una Maria che sposa don Giuseppe Bracconieri morto nel 1754, l'altra Vincenza si rimarita con Giuseppe Cagliostro di Novara Sicula e fu la mia buona madrina.

Cenni storici della città di Novara

Novara di Sicilia è situata su un dolce declivio delle ultime propaggini del versante settentrionale dei Monti Peloritani, a 670 metri sul livello del mare, all'origine delle fiumare Mazzarà e Alcàntara. Il primo centro urbano venne fondato intorno al 1195 nella zona circostante il castello medioevale e fu abitato da una colonia di Lombardi. Nel XIII secolo fu acquisito dal signore Ruggero di Lauria e poco dopo passò in feudo alla famiglia dei Palizzi. In seguito il borgo fu dominato dalla famiglia degli Alogna sino al 1392 anno in cui il re Martino ne prese possesso. Quindi appartenne ai nobili Gioeni fino al 1860".[10]

A sud del borgo si trova la maestosa mole della Rocca Salvatesta (mt. 1340) e Rocca Leone (mt. 1221) alle cui falde esisteva, sin da epoca remota, l'antica *NOA* che si presume fondata dai Sicani.

In passato Novara assunse un ruolo preminente nella vasta zona del suo comprensorio, in quanto dominava il territorio che collegava il mar Tirreno con lo Jonio. Infatti, unica strada, la più breve, che da *Tyndarys* e da *Mylae* e *Abakainon* portava a *Naxos* e *Tauromenium*, era quella che attraversava il suo territorio. A salvaguardia di questa importante via di comunicazione si ergeva, su una strapiombante rupe sul torrente s. Giorgio, il Castello, sede della autorità amministrativa e militare. Intorno al Maniero che fu riattato dai Saraceni e successivamente dai Normanni, ma la cui fondazione si presume avvenuta sin dal V secolo ad opera dei Goti, prese a svilupparsi rapidamente un borgo rurale e fu abitata da coloni lombardi al seguito di re Ruggero.

L'abitato che conserva ancora il fascino di un tipico borgo medievale, è solcato da vicoli tortuosi ma caratteristici di una *casbah* araba, talvolta sormontati da archi di raccordo fra gli edifici ai lati opposti della strada. Le strade, ad eccezione di quelle principali che erano lastricate, si conservavano, sino a qualche anno addietro, tutte in acciottolato rotto sovente in lunghi scalini

---

[10]http://sicilia.indettaglio.it/ita/comuni/me/novaradisicilia/novaradisicilia.html

lievemente inclinati per assecondare il pendio orografico; minimo il salto di rottura fra un piano e l'altro per facilitare il transito degli animali da soma.

La continuità di questi rapporti con i prodotti della terra dimostra quanto ancora sia radicata e vissuta l'identità contadina di questa gente onesta e laboriosa. Questa terra nasconde un patrimonio storico, artistico, culturale e linguistico (del ceppo gallo-italico)[11] di grande importanza che giova anche per capire i processi storici della nostra Isola. Basti ricordare: "*Le grotte della Sperlinga*", un riparo con industria paleolitica esistente nella frazione San Basilio (a pochi chilometri dal Centro) che è quel giacimento che ha dato il via alla ricognizione del mesolitico siciliano, ove sono stati portati alla luce una infinità di reperti archeologici.

"Del materiale rinvenuto a seguito della campagna di scavi diretta dal Sovrintendente Bernabò Brea dal 3 al 19 Maggio 1951, venne ripreso in esame dalla Dott.ssa Madaleine Cavalier e dal Dott. Italo Biddittu i quali vennero nella determinazione che: "il giacimento ha rilevato diversi livelli:

a)- uno strato dell'inizio dell'età del bronzo;

b)-uno strato neolitico; (furono rinvenuti interessanti microliti di ossidiana.

c)-uno strato privo di ceramica con industria microlitica di tipo epipaleolitico.

A pochi chilometri dal Centro, nella frazione Badiavecchia, possono ancora ammirarsi i ruderi del Monastero Cistercense risalente al XII secolo, dedicato a Santa Maria de la Noharia che

---

[11] Sul dialetto di Novara si è occupato il prof. Trovato scrive: "L'area linguistica gallo italica, formatasi in Sicilia posteriormente alla conquista normanna dell'isola comprende dieci centri principali in cui il gallo italico è ancora in larga misura parlato… Prestigio e autorità dovette avere in passato il dialetto di Novara… punto isolato sui Peloritani e riconosciuto "centro principale e capoluogo" dei villaggi della sinecìa. Oggi a Novara il gallo italico è molto ben conservato dalle donne che conducono una vita legata all'ambiente domestico, mentre tra gli uomini, per ragioni di lavoro linguisticamente più esposti agli influssi esterni, la lunga pratica del bilinguismo sta accelerando notevolmente il mutamento verso il siciliano (e l'italiano) (Tropea 1970, 123)" in Günter Holtus, Michel Metzeltin, Christian Schmitt., *Lexicon der Romanistischen Linguistik*, vol VV, Tübingen, 1998, pp. 538, 540.

sorse per volere di Bernardo di Chiaravalle e del Re normanno Ruggero II, il quale lo dotò di terre e privilegi confermati successivamente dal nipote Federico II degli Hohenstaufen il quale verso il Monastero di Santa Maria la Nohara ebbe un riguardo particolare perché possedeva in quel territorio un regio parco di caccia ove vi si recava spesso quando le ragioni di stato glielo consentivano."[12]

La rocca di Novara

[12] cfr http://www.oocities.com/imbesid/novaradue.htm.

Il nome di Novara

Nuhàra in siciliano; Nuè nel dialetto galloitalico. La parola "Noa" è di origine Sicana e il suo significato è Maggese. Esso stava a rappresentare la copiosa quantità di frumento che, durante il periodo di colonizzazione greca fu peculiare della zona. Con i Romani cambiò in Novalia (*Novalia culta*" = *campo di grano*) e dagli arabi "*Nuhar*" o "Nouah" (giardino, orto, fiore).

Nel medioevo si trasformò in "Nucaria", poi in siciliano "Nuara", e in latino tardo medievale "Noara", fino alla definitiva trasformazione in Novara.

Lo Stemma Comune di Novara di Sicilia

Sullo stemma campeggia un albero di noce con sotto la scritta "Novara", posto al centro delle seguenti iniziali: "V. N" (i. e. Universitas Novariae)". Il tutto all'interno di uno scudo sagomato, inserito in uno scudo accartocciato e sormontato dalla corona civica.

La simbologia dell'albero di noce è collegata alle riunioni delle streghe per il sabba; ritroviamo una analogia con la città di Benevento che conserva nel patrimonio orale una leggenda con numerosi tratti di comparazione. Crediamo che forse le origini comuni vadano ricercate negli insediamenti delle colonie lombarde che interessarono sia la città di Novara che quella di Benevento. Un ulteriore punto di contatto col territorio beneventano è dato dalla tradizione del maiorchino per la quale rinviamo alle pagine successive.

Leggenda del noce di Novara

Un noce era situato sulla piazza antistante la Madre chiesa. I nostri antenati lo videro crescere e raggiungere una dimensione enorme, al punto di coprire, con la sua ombra, quasi tutta la piazza. Ugo di Natale scrive: "Davanti al Duomo, dove un tempo sorgeva un tempio pagano, c'era un noce eccezionale su cui era stato posto un incantesimo" si racconta quindi che a tutte le streghe che si davano convegno sul Noce, a mezzanotte in punto veniva offerta una cena che consisteva in pane e uova alla coque. I mariti e i parenti delle streghe non dovevano sapere nulla. Infatti venivano lasciati alle rispettive case, mentre dormivano. Allo scadere della mezzanotte, dopo ripetute invocazioni dell'anziana donna strega "*ventu, forti ventu, portimi supra a Nugghà* (noce) *di Spartiventu*", compariva un grosso maiale davanti le finestre di ognuna e le trasportava sul dorso sopra l'albero per prendere parte alla cena notturna. Consumata la cena l'irsuto maiale riportava a casa, a turno, tutte le donne. Una notte, una di esse, durante la cena, fece richiesta del sale.

Improvvisamente si levò un fortissimo vento che disperse nel nulla tutte le donne. L'incantesimo così ebbe fine. L'albero secolare fu abbattuto all'epoca in cui fu costruito l'attuale duomo. Con tutto il legno furono costruiti armadi, porte finestre, perfino gli scanni del coro, ancora oggi esistenti nella Madre chiesa di Novara...
Giuseppe Flandina, "Il noce" in "*Nonno racconta*", Canettieri, Anitrella, 2005, p. 75.

PS. La leggenda presenta diverse analogie con una simile che si narra a Benevento [13]

---

[13] La leggenda del noce di Benevento risale al VII sec. d.C. Si narra che i Longobardi, pur convertiti al cristianesimo, continuavano a conservare delle usanze pagane e ad adorare idoli che facevano parte del loro bagaglio di tradizioni ataviche, tradizioni che già in antichitagrave; erano state adottate dai popoli sanniti che a quanto pare avevano giagrave; allacciato scambi culturali con le popolazioni nordiche. La storia del noce é legata indissolubilmente alla fusione di due culti di diversa provenienza:
1- Il culto del serpente, caro a Iside quindi di provenienza pre-longobarda, a sostenere la tesi del culto di Iside il ritrovamento in convento di Padri Agostiniani dei resti di un tempio dedicato alla dea egizia, in più sembra che la stessa cattedrale di Benevento fosse stata costruita sui resti di un tempio dedicato allo stesso culto.
2- L'albero sacro di provenienza germanica, celtica e vichinga e che sembra già i sanniti avessero adottato tra i loro rituali. Il culto consisteva nell'appendere ad un noce gigantesco delle pelli di animale, i guerrieri che, a cavallo riuscivano a staccarne dei pezzi con un'arma (é dubbio il tipo di arma utilizzato) si guadagnavano il favore degli déi. Tra i sanniti invece si acquistava forza. Con la conquista dei longobardi i due culti si fusero creandone uno solo che il cristianesimo contribuì a demonizzare, il resto, la superstizione vera e propria, la creò il popolo con le sue paure e quei famosi racconti che passando da una bocca all'altra si arricchivano di particolari diventando un'altra storia. Fu cosi che nel VII secolo Barbato, sacerdote, impegnato nella lotta alla superstizione divenne per acclamazione vescovo della città e, appoggiato dal duca Romualdo comincio la sua battaglia contro i culti pagani e idolatri, facendo abbattere il noce sul fiume sabato. Da quel momento cominciarono a fiorire storie e racconti sul noce e sulle Janare che lì si riunivano per compiere le loro scelleratagginі.
Ma, a differenza dei paesi del centro Europa e dell'Italia settentrionale, dove la caccia alle streghe infuriò nel Beneventano il fenomeno della stregoneria venne tollerato anche dal clero e dette più che altro vita a gradevoli storielle in cui i celebranti del Sabba non apparivano così terribili come siamo abituati ad immaginarceli e bastava un segno di croce a renderli impotenti.
Nel beneventano vivevano ed operavano alcune tra le streghe più famose del mondo: Violante da Pontecorvo, la Maga Menandra, o la Maga Alcina /…/ Ma l'Arcistrega per eccellenza nella zona del Sannio fu Bellezza Orsini, processata dal santo uffizio di Roma nel 1540, la quale aveva una particolare predilezione per le apprendiste molto belle. Dopo averle spalmate con l'unguento, insegnava loro la famosa formula per volare:

unguento unguento
mandame alla noce de benevento
supra acqua et supra vento
et supra omne maltempo.

http://filastroccando.forumcommunity.net/?t=25466484

La leggenda del Dio Peloro

Là dove finiscono i Peloritani e iniziano i Nebrodi sulle alture spesso innevate, si consumò la stupenda leggenda di un Dio che diede lustro, fama e nome a quei monti. Si narra che gli abitanti della zona fossero devoti e riconoscenti a questa divinità perché ad ogni suo arrivo seguiva un'annata ricca di messi, di frutta e di ogni altro bene. Vuole la leggenda, infatti, che con i suoi ippogrifi che trainavano il cocchio d'oro lucente, il Dio percorresse il tragitto dalla lontana Africa alla sommità dei Peloritani, dove spesso soggiornava, rendendo amena e accogliente quella terra. Per giorni e giorni, ammirava quei boschi sempre verdi, le vallate lussureggianti e, beato, sorvolava tutta la zona, con continui voli, al di sopra delle dorate colline coperte di ginestre profumate fino alle dolci e mitiche acque delle isole Eolie. Poi tornava lassù, attraverso la valle incastonata fra una corona di monti che digradano verso il mare. Alle falde della roccia, dove aveva il suo giaciglio, riposavano i suoi cavalli prima di riprendere il lungo volo verso l'Africa...[14]

Il mito dei Ciclopi

Tra mito e leggenda si ha motivo di ritenere che oltre 2000 anni prima di Cristo, in contrada Grottazzi, tutt'ora esistente, abitassero i Ciclopi[15].

"É da ritenersi che Noa, prima della guerra troiana doveva essere abitata dai Ciclopi, che, spaventati delle continue eruzioni dell'Etna, lasciarono le parti orientali, devastate dalla lava e si rifugiarono sulle alture dell'antica Noa, non soltanto perché costretti dalle

---

[14]Giuseppe Flandina, "La leggenda del dio Peloro" in *Nonno Racconta*, cit. pp. 77-78.

[15] Ciclopi: leggendari esseri mostruosi con un occhio solo al centro, dotati di una statura gigantesca e di una forza prodigiosa. La tradizione più antica ne conosce tre Arge, Bronte e Stèrope, figli di Urano e di Gea. Successivamente diventano dei demoni subalterni, che sotto la direzione di Efesto fabbricano le armi per tutti gli dei dell'Olimpo. La loro dimora è collocata all'interno o sulle pendici dell'Etna.

incalzanti lave a cercare rifugio altrove, ma anche per evitare le incursioni dei popoli dell'Italia, della Grecia e dell'Oriente che avevano la bramosia di occupare la Sicilia".[16]

La leggenda della Rocca Leone

Nella mitologia greca si parla della lotta fra Zeus e i Giganti... il più importante e il più terribile dei giganti Tifone possedeva un grosso leone addomesticato, che gli era fedele come un cane. Quando lui dormiva la bestia gli faceva da guardia e lo proteggeva dai pericoli. Insieme erano invincibili. Giove geloso della sua invincibilità, aveva capito che per battere Tifone doveva prima eliminare il leone. Lo seguì per tanto tempo. Un giorno lo sorprese su queste alture e lo attaccò coi suoi fulmini. L'animale, inizialmente resistette, evitando due saette che caddero sulle colline formando Colle Barca e Pizzo Russa; la terza saetta lo colpì in pieno e il leone fu abbattuto. L'enorme bestia fu pietrificata e la massa del suo corpo originò la Rocca Leone. Così per Zeus fu più facile vincere la guerra contro i Giganti.

Informatore: Pippo Flandina, novarese, docente, anni 60 circa (nel 2000).

La rocca di Salvatesta

Non solo i vecchi del paese, ma quelli dell'intera provincia di Messina raccontano un fatto riguardante la rocca Salvateste: "In essa si contiene un tesoro tanto grande, da essere sufficiente a formare la ricchezza di tutta l'isola nostra. Il granturco, spesso, anzi

---

[16] Ugo di Natale, *Novara di Sicilia*, Milazzo-Palermo, Sicilia Nuova Editrice, 1968, p. 16.

ogni giorno domanda se sia stato preso il tesoro della Rocca. Avutane risposta negativa, non fa che esclamare: "Povera Sicilia!" Sarà sempre povera, sino a che non s'impossesserà di questo tesoro".

Le condizioni, per chi volesse divenire padrone sono le seguenti. Preso del lino, filato, steso il telaio tessuto e fattone un mantile, si dovrà prendere del grano, portarlo al molino, dove, fattolo molire, se ne impasterà la farina, della quale dovrà farsi una guastella o focaccia. Dopo questo, riscaldato il forno, cottavi la focaccia e posta nel nuovo mantice dovrà correre alla Salvateste. Se arrivato quivi, non saranno scorse le 24 ore, che si conteranno dall'una all'altra mezzanotte, e romperà la focaccia al primo tocco della campana che annunzia già la notte arrivata alla sua metà, non vi sarà più ostacolo per impadronirsi del tesoro. Questo fatto va alla bocca di tutti in Novara non vi ha persona che l'ignori; non vi ha nonno o nonna che non lo racconti ai cari nipoti, ed io me l'ebbi le centinaia di notte ascoltato.[17]

La leggenda presenta diverse varianti[18]

---

[17] Salvatore Di Pietro, *Novara di Sicilia nelle sue effem.* Sicil. II serie III, vol IV, p. 143.

[18] **La leggenda della rocca**: La testa scolpita nella roccia è quella del custode del tesoro detto "delle femmine" costituito da giare ricolme d'oro che potrebbero arricchire tutta la Sicilia, e solo una donna può recuperarlo deve però raccogliere legna da sette boschi diversi, costruire un canovaccio (o un mantile) di lino con un telaio, raccogliere del grano, portarlo al mulino, farne della farina e nel canovaccio appena tessuto avvolgere il pane (o una guastella) da lei appena cotto nella legna raccolta, mangiare la focaccia ai piedi della rocca ove è sotterrato il tesoro e tutto questo in 24 ore. Allo scoccare della mezzanotte un cavaliere aprirà la porta del tesoro. Una donna tentò l'impresa ma non vi riuscì per pochi minuti e crollò di schianto sulla strada petrosa che conduce alla roccia.

Cfr. Giuseppe Flandina, *Nonno racconta*, Canettieri Anitrella Fr, 2005 pp.73-74.

-Un' altra leggenda molto simile la ritroviamo a Castro Reale: "Il Lino imbiancato: Nel territorio di Castroreale, alla sinistra del fiume volgarmente detto Patrì, proprio alle spalle del piccolo villaggio di Rosì, si alza a 425 metri dal livello del mare una lunga montagna, che ha il nome di Limbìa. Per prendere la trovatura di questa montagna, è necessario che una sola donna in una sola giornata prenda il lino, lo cardi, lo sfili, lo imbianchi e ne tessa un tovagliolo, che deve a sua volta imbiancare. Poi deve cuocere un piatto di pasta, e prima che tramonti il sole deve andare a mangiarlo, su quel tovagliolo, sopra la montagna. Parecchie persone del popolo si vuole che abbiano tentato questo lavoro, ma nessuna è potuta riuscire, cosicché il tesoro risulta sempre sepolto, e la trovatura di Limbìa è passata in proverbio". Vittorio di Giacomo, *Leggende del diavolo*, Bologna, Cappelli, p. 89.

La leggenda di Salvatesta

È dunque credenza tradizionale nel paese esistere in essa un ricchissimo tesoro. Il mezzo di impadronirsene per quanto ineseguibile, altrettanto è curioso. Ecco di che si

Antica stampa della rocca tratta da G. Borghese, *Novara di Sicilia*, *Notizie storiche*, Milano, Tipolitografia di Regis e Comp., 1875. p. 54.

tratta: una sola persona deve compiere in una giornata le operazioni seguenti. Prendere del lino, filarlo, annasparlo, distenderlo nel telaio e tesserne un mantile. Indi deve prendere del grano, portarlo al mulino, farlo macinare, poi impostare la farina, fare una focaccia, riscaldare il forno, far cuocere la detta focaccia, avvolgerla nel mantile e andare a Salvatesta. Potendo compire tutte queste operazioni dall'aurora al tramonto 'un giorno qualunque, si è certi d'impadronirsi del tesoro. L'esistenza di esso è tanto certa, soggiungono le vecchie del paese, che il Gran Turco sovente domanda s'è stato preso, ed alla risposta negativa esclama: dunque la Sicilia è ancora povera.[19]

---

[19] Gaetano Borghese, *Novara di Sicilia, Notizie storiche*, Milano, Tipolitografia di Regis e Comp. 1875, pp 31-32

U Bruttu Bestia

In un'altra variante si prevede perfino un sacrificio umano:

"Una antica leggenda, fondata sulla credenza popolare, voleva che ai piedi della Roccia Salvatesta… fosse sotterrato un ricco tesoro. Molti tentativi erano stati fatti, ma nessuno era riuscito a sciogliere l'incantesimo cui erano legate quelle ricchezze, e quindi impossessarsene. Del resto non era facile perché bisognava sacrificare una vita di fanciullo o di fanciulla, per essere più chiari, il Diavolo, (Bruttu Bestia), così lo chiamava il popolino, voleva l'anima di un essere innocente. Chissà perché ad impossessarsi dei tesori fosse proprio il diavolo e non qualche Santo Patrono del luogo! … un tale che sapeva una più del diavolo stesso, organizzò una spedizione che, a suo avviso, gli avrebbe permesso di mettere le mani su quella immensa fortuna. Si trattava di un prete, si, proprio un prete, chiamato comunemente padre…uomo di pochi scrupoli si servì di un padre credulone e babbeo, il quale pur avendo molti figli, e pensando di migliorare le condizioni familiari si lasciò convincere…. Sul luogo del sacrificio *u bruttu bestia* sotto le sembianze di serpente stava per avvolgere la bambina ma questa invocò la Madonna ed il serpente scomparve all'istante, l'impresa era fallita ma la bambina subì una minaccia del prete ed ebbe una vita misera ed infelice".

Informatore: Giuseppe Flandina, novarese, docente, anni 60 circa (nel 2000).

Le Trovature

Fin dal tempo del dominio arabo, e, forse, anche da prima gli isolani, sempre vittime di continue invasioni di gente straniera, sempre sottomessi a tasse inique, ad imposizioni a volte violente, si adoperarono a nascondere i loro risparmi, o le loro ricchezze, sottoterra nei luoghi più impensati.

Crebbe la voglia in ogni persona di impadronirsi dei tesori per poter condurre una vita più agiata e serena. La fantasia alimentò il desiderio, motivo per cui ebbe inizio la ricerca affannosa dei tesori sommersi. Le leggende si moltiplicarono. Non ci fu città, paese, contrada, che non avesse un tesoro nascosto tare da invogliare a scavare ogni angolo dell'isola, là dove si pensava fosse sepolto l'oro.

Incominciò, insomma, un'era che possiamo definire "febbre del tesoro nascosto"; febbre che, se non del tutto, cessò molto presto.

L'uomo moderno non corre più dietro a queste fantasie che provocano solo grosse delusioni. E' vero che nel passato ci sono stati dei fortunati scopritori che hanno cambiato vita migliorando la loro posizione economica in seguito a ritrovamenti di oro e preziosi; non bisogna, comunque, dimenticare che la leggenda ha sempre "cullato e accarezzato" la mente dell'uomo che ne ha subito il fascino, per cui, egli riesce a "calmare" certi desideri che la realtà non può, purtroppo, soddisfare. Fra le tante storie di ritrovamenti, voglio raccontarvene una che, tramandata da mio nonno, mi ha affascinato particolarmente, per la sua delicata storia sentimentale e per la sua lieta conclusione. Un giovane, un certo Righetto, da alcuni anni era fidanzato con Mariuccia. Le loro famiglie non "navigavano nell'oro", vivevano modestamente con il lavoro faticoso ma sempre all'insegna dell'onestà, e della correttezza. Per questo motivo, volendo mettere su casa, avevano rinviato sempre il giorno delle nozze. Righetto si alzava sempre presto per recarsi a lavorare nelle campagne di altre persone. Quella mattina, dovendo andare più lontano, era partito molto presto. Era buio fitto: Novembre, mese di pioggia e di nebbie, offriva una mattinata uggiosa. Il giovane camminava a fatica, la strada era impervia una leggera brezza scendeva dalla montagna e si propagava giù nella valle. Non si incontrava nessuno. In quel viottolo regnava un silenzio di tomba. Soltanto le cime degli alberi ondeggianti percorse dal venticello, facevano un leggero brusio, che colmava il fitto silenzio della vallata. Ad un tratto udì parlottare. Si fermò per meglio percepire le voci. Esse provenivano dal pianoro più basso rispetto alla strada che stava percorrendo. Si fermò ed ascoltò, nascosto dietro una siepe, avvolto nel buio della notte. Erano sei persone tutte armate che reggevano in alto delle fiaccole per meglio vedere e vedersi. Righetto restò senza fiato. Guai se l'avessero scoperto! Erano dei ladroni non i padroni di quel fondo. Portavano un carico di monete d'oro da nascondere.

Si sa bene che per "incantare" i denari in un posto e per poi riprenderli, bisogna uccidere un uomo sopra, così il suo spirito potrà restare, come pegno, a guardia del tesoro; questa era la tradizione.

Poi udì la voce di uno di loro che diceva: "tiriamo a sorte chi deve essere sacrificato". La sorte toccò a uno che sembrava assai giovane. I compagni lo afferrarono, lo buttarono sulle monete e incominciarono ad accoltellarlo perché il sangue colasse sulle monete.

Tutti giurarono che per "disincantare" l'oro, occorreva che una coppia di sposi consumasse la prima notte di nozze in quel posto, ai piedi di un grande albero dove, appunto, venne sotterrato il tesoro.

il povero Righetto terrorizzato, aspettò la fine della macabra cerimonia e che quei criminali sparissero. Riprese fiato e poi il suo cammino. Il sole incominciava ad illuminare la collina. La luce tornò nella valle, quando il giovane giunse sul posto del lavoro.

Per tutto il giorno non pensò ad altro. Tenne l'idea fissa a quanto aveva visto e naturalmente a quel tesoro che poteva essere alla sua portata. Dopo la faticosa giornata, rientrò a casa e manifestò l'intenzione di voler prendere subito moglie. Nessuno riuscì a dissuaderlo. Due giorni dopo, il giovane andò in chiesa per unirsi alla sua Mariuccia. L'occasione andava presa al volo, senza esitare.

Appena fuori dalla chiesa, prese la consorte per la mano, salutò tutti col pretesto di sbrigare un affare, e la trascinò verso la campagna. "Dove mi porti? chiese la moglie. "zitta, zitta, seguimi, non temere, tutto andrà bene, lascia fate a me". Giunsero sotto l'albero col fiato in gola, già era buio; si coricarono e fecero il loro comodo.

All' improvviso, tutte le monete uscirono dalla terra; lo stupore dei due fu immenso. Righetto e la moglie sembravano impazziti dalla gioia. L'anima di quel giovane sacrificato si liberò e volò via. I due coniugi raccolsero tutte le monete, rientrarono a casa e vissero felici e contenti.[20]

---

[20] Giuseppe Flandina, *Nonno racconta*, Anitrella (Fr), Canitteri, 2005, pp. 34-36.

La montagnola Prestofilippo detta anche Tempa-forca

La montagna Prestofilippo prese il nome di un prete che la donò al comune. Il nome fu poi tramutato in Tempa-forca perché, secondo la leggenda, durante la peste del 1743 un certo Strazzafilato, una guardia in servizio presso il cordone sanitario sul colle di Trefontane, lasciò il posto per cacciare un coniglio. Ma fu scoperto dal commissario regio il principe di Resuttana, e condannato a morte, e li venne impiccato.

Informatore: Nino Galofaro, novarese, elettricista, 64 anni (nel 2011).

La chioccia dai pulcini d'oro

A Novara di Sicilia la tradizione vuole che ci sia una chioccia con i pulcini d'oro e che per impadronirsene debba una donna andare a partorire sul luogo e sacrificarvi il neonato.

E a confermare l'esistenza del tesoro il popolo racconta che un pastorello, mentre era un giorno intento a guardare le sue pecore, vide ad un tratto aprirsi una roccia dove è localizzato il tesoro e comparire una stanza piena di meravigliose ricchezze abitata da un cavaliere e da una donna che si pettinava. Parve al pastorello che quelle persone lo chiamassero e lo invitassero ad accostarsi, ma la paura lo vinse, si diede a gridare, ed ogni cosa sparve. [21]

---

[21] Pubblicata da Aurelio Regoli, vol. *Sicilia* nella collana "tuttitalia" 1962 p. 320 e riportata da Ugo di Natale, *Novara di Sicilia*, cit. p. 196.

Una variante: *La chioccia con i pulcini d'oro*

-Nei pressi di Roccapizzuta, località situata sotto la rocca del castello, accade che alcune notti, durante le operazioni di irrigazione degli orti, alcuni contadini a volte incontrassero una chioccia attorniata da pulcini d'oro, più volte cercarono di afferrarla ma la chioccia riuscì a fuggire con tutti i pulcini. Nessuno è finora riuscito nell'impresa.[21]

Informatore: Nino Galofaro, novarese, elettricista, anni 64 (nel 2011).

Il Miracolo della pioggia di Sant'Ugo

S. Ugo abate fu mandato in Sicilia da Bernardo da Chiaravalle per dare inizio all'ordine cistercense e fondò alcune chiese una di queste a Novara. Quando c'erano piogge aride i contadini portavano la statua in processione fino ad una icona tra Novara e Bagliavecchia, luogo ove si dice andasse a pregare o si recava in meditazione. I contadini gridavano: "acqua Sant'Ugo e presto seguivano le piogge".[22]

Informatore: Nino Galofaro, novarese, elettricista, anni 64 (nel 2011).

La Giara di S.Ugo

Altra leggenda è riportata da Di Natale nella descrizione del convento dei Padri Cistercensi detto l'Abbazia: "... in un angolo, poi giace la famosa "Giara" di S.Ugo, già venerata nel Monastero di Vallebona. All'acqua in essa contenuta i Novaresi avevano molta fede. La bevevano nelle infermità, sicuri di una pronta guarigione"[23]

U jiditu d'aposturu

La leggenda, che da sempre corre fra il sacro ed il profano, vuole che i devoti di San Tommaso, per ricordare il gesto del Santo, di

---

[22] Le tracce dell'antico Monastero cistercense (sec. XII) di Vallebona, da sant'Ugo così detta, perché considerata una valle buona (n.d.a.) a 5 chilometri dalla città, sono segni evidenti della notevole importanza che esso ha avuto per la storia di Novara. Dell'intero complesso monastico, primo del genere in tutta la Sicilia, insieme ai ruderi resta la *Regia Chiesa Abbaziale di Santa Maria La Noara.* Il Monastero fu abitato fino al 1659, dopo di che i monaci bianchi si sono trasferiti in un nuovo monastero fondato in Novara Centro. L'area prescelta fu quella su cui oggi esistono l'attuale chiesa abbaziale di S. Ugo e l'Istituto Antoniano del Santo Annibale Maria di Francia, su un piccolo promontorio. La Chiesa custodisce insieme al Corpo del Santo anche le reliquie - che Egli aveva portato con se, venendo a Novara - sistemate in un artistico e sontuoso reliquiario ligneo che è tra i più pregiati di Sicilia.

[23] Ugo di Natale, *Novara di Sicilia...*, cit. p. 168.

entrare un dito nella piaga del costato di Cristo perché incredulo della Resurrezione di Nostro Signore, avessero la tradizione di fare un dolce a forma cilindrica chiamato dito di Apostolo. L'origine: Il territorio dove per primo compare un dolce di tale forma e per tale motivo, è quello di Catanzaro, di Bagnara calabra per l'esattezza, dove a tutt'oggi si trova tutto l'anno e non soltanto durante la Pasqua come d'origine. I monaci Calabresi che poi vennero in Sicilia a seguito dei Cistercensi portarono con loro questa tradizione che si radicò soprattutto in Vallebona, l'odierna Novara di Sicilia. La forma, come abbiamo detto, ricorda quella di un dito, ricoperto di glassa, bianca la parte che restò fuori dalla piaga, nera (sporca di sangue) quella che entrò nella ferita del costato di Gesù Risorto.[24]

La tomba di Suor Maria Teresa Fontana

Suor Teresa al secolo Fontana Filippa Domenica, nata da Giovanni e Rosa Milazzo il 27 luglio 1752. m il 22 dicembre 1833. Fra tutte le suore che un tempo a Novara vivevano di preghiera e arrecavano conforto al prossimo, eccelse per le virtù, per la bontà, suor Teresa. Morì in odore di santità, tanto che i novaresi ne venerano ancora la memoria e a Lei si rivolgono nelle vicissitudini quotidiane. Circola ancora la voce dei suoi numerosi miracoli. Si dice che trascorresse alcune ore del giorno giocando col Bambinello Gesù, esistente nella chiesa Madre. Fu sepolta contro il suo volere nella chiesa principale. Si sparse poi la voce che le sue spoglie rimanessero nel tempio, fossero state traslate nella chiesa di S. Nicolò, altare del Crocifisso. Sta di fatto che durante i lavori di

---

[24] http://www.novaradisicilia.com/?mid=U+jiditu+d%E2%80%99aposturu

pavimentazione della chiesa 1960 non sono stati trovati nella sua tomba alcuni resti.[25]

Suor Maria Teresa Fontana libera Novara dai terremoti

I parenti raccontano che suor Maria Teresa Fontana vissuta in odore di santità abitava sotto la Matrice e le persone la consultavano per pronosticare malattie. Prima di morire pronunciò le seguenti parole: "Libero Novara dalla peste e dal terremoto" e Novara si vanta di non avere mai avuto né pestilenze né terremoti catastrofici.

Informatore: Angelina Orlando, novarese, pasticciera, anni 65 (nel 2011).

Suor Cristina di Gesù

Al secolo Maria Ridi di Giovanni Domenico e Bartolo Fiora. Nata a Novara il 29 novembre 1649. "Da bambina fino all'adolescenza era ammirata per la sua impareggiabile bellezza, che ella però detestava e pregava addirittura il Signore perché diventasse mostruosa. Ma perché "il frutto era di benedizione", Dio la accontentò e la rese invalida al ginocchio, onde restò offesa e mostruosa nel camminare e perse anche quella bellezza che portava in faccia.

Prese l'abito di monaca agostiniana scalza e fu chiamata Suor Cristina di Gesù. Numerosi furono i vaticini che profetizzò… in seguito nella chiesa di san Giorgio molti videro in estasi la Serva di Dio, "appoggiata al pilastro, con le braccia rilasciate, gli occhi alzati al cielo quasi morta" "A tale vista l'avvocato fiscale fece accen dere

---

[25] Ugo di Natale, *Novara di Sicilia*, cit., pp.184-185.

due candele e alzato un tantino il manto dalla testa vide in faccia di detta serva di Dio un'aureola un palmo sopra la testa, sicché il sig. Ciccia e il seguito se ne andarono atterriti e spaventati in vedere un tal portento"[26]

La leggenda della fata

Si racconta che la signora Nunzia abitava alla cittadella e possedeva un orto (lisua) un giorno assieme alla cugina Mea (Nina) andarono a raccogliere i fagioli. Portarono il raccolto da Brancu (località Brandinu) fino a Novara. E lo portarono a casa dove c'era la nonna che tesseva del lino. Ma nei pressi della casa dell'ingegner Majmone in contrada Campagna videro una signora bellissima e istintivamente la salutarono: "Buongiorno a' lanza" (a sua eccellenza) e la signora rispose dicendo "quello che portate v'avanza". Il signore che ricevette il raccolto lo trovò raddoppiato. Era stato un regalo della fata.

Informatore: Angelina Orlando, novarese, pasticciera, anni 65 (nel 2011)

La leggenda del monaco

Negli anni '90 il sig. N* … di Palermo raccontò ad una sua amica che avvertiva una presenza negativa di fronte al Municipio (già oratorio di San Filippo Neri) e che distingueva la sagoma di una figura in abito monacale, presenza visibile anche in ore diurne nei pressi dell'ufficio tecnico o davanti al municipio la figura si materializzava per alcuni secondi. Nel 2005 durante i lavori di riparazione dell'impianto di illuminazione elettrica non riuscendo a

[26] Trascritto nel vol. V della *Storia di Novara* del can. di Pietro da p 63 a 68 e riportata in Ugo di Natale, *Novara di Sicilia*, cit., pp 177-178.

localizzare il guasto i tecnici furono costretti con l'aiuto di uno scavatore meccanico a scavare per oltre 40 cm di profondità per ricercare i cavi e trovarono una tomba di un monaco vuota, nel luogo esatto della visione. Il corpo era stato in precedenza traslato nelle catacombe della chiesa Madre. Sul luogo del ritrovamento è stato lasciato un segno tuttora visibile per delimitare la tomba. Il sig. N* non conosceva nulla della presenza passata dei monaci nella zona.

Informatore: Nino Galofaro novarese, elettricista anni 64 (nel 2011)

Il luogo del ritrovamento della tomba del monaco (foto C.Rapisarda)

I Lupi mannari

Nelle notti di venerdì, in quaresima, si sentivano gli urli dei lupi mannari che si arrotolavano convulsamente nelle strade. in verità erano poveri disgraziati affetti da nevrosi o di quella forma di alienazione mentale che dicesi Licantropia e che fa credere essere divenuti animali le persone che ne sono tormentate.[27]

[27] Gaetano Borghese, *Novara di Sicilia, notizie varie*, Barcellona, tip. Fratelli Rotella, 1912, p.39

La Leggenda del quadro del prete

In una casa di via *** a Novara i vecchi proprietari avevano trasportato durante il trasloco un quadro raffigurante un prete, ma in seguito a numerosi fatti inspiegabili ed inquietanti, quali strane visioni e rumori, furono costretti a riportarlo nella casa da dove era stato tolto, anche se la casa non era più di loro proprietà. Da quel momento non si sono più verificati avvenimenti misteriosi. Il quadro è ancora lì.
Informatore: Nino Galofaro, novarese, elettricista anni 64 (nel 2011).

La leggenda di zia Carmela

Il sig. N* di Palermo racconta che nella sua casa percepiva la presenza di una persona anziana, seppe che in quella casa vi abitava una vecchina meglio nota come zia Carmela, deceduta anni prima e ricordata tutt'oggi dalle persone anziane in paese come piccolina, minuta con occhialini e scialle. Il sig. N* e la consorte per renderle omaggio e forse per calmare lo spirito, decisero di portarle dei fiori al cimitero. Non sapendo nulla della tomba chiesero informazioni nel camposanto ad un signora novarese; questi telefona alla sorella la quale le dà indicazioni approssimative; nel frattempo la famiglia di N* continua la ricerca; la signora di Palermo all'improvviso si mise ad urlare: "Eccola! Eccola!", l'aveva riconosciuta dalla foto posta sulla lapide, riconoscimento impossibile dal momento che non la aveva mai incontrata. La paura fu tale nella signora di Novara che le venne la pelle d'oca.

Informatore: Nino Galofaro, novarese, elettricista, anni 64 (nel 2011).

La veglia del morto

Si narra che in una casa ora abbandonata in via Capitano Moses il proprietario era deceduto senza lasciare eredi, nessuno dei vicini volle partecipare alla veglia come di consuetudine, nessuno a parte un omaccione coraggioso del posto, ma allo scoccare della mezzanotte questi avvertì rumori e presenze terrificanti, venuto meno il coraggio abbandonò il corpo scappando a gambe levate.

L'indomani i vicini trovarono la cassa in basso nelle scale ed il corpo fuori dalla bara. Nella casa si avvertirono presenze demoniache e fu pertanto abbandonata ed è attualmente ridotta ad un rudere.

Informatore: Nino Galofaro, novarese, elettricista, anni, 64 (nel 2011).

La bambola cornuta

Nei pressi della fontana detta *Larangia* a Novara un muratore negli anni '60 stava raccogliendo i calcinacci, ma allo scoccare di mezzogiorno si presentò davanti a lui una bambina con le fattezze di bambola sia in viso che nell'abbigliamento, che gli sorrise con un ghigno. Il muratore si accorse che sulla testa aveva due piccole protuberanze simili a due corni. Il muratore fuggì, ma prima le scagliò la cazzuola che aveva in mano, appena colpita la bambina sparì in una fiammata. Il muratore per non affrontare le scale da dove era salita la bambina si lanciò dalla finestra che per fortuna era al primo piano e non tornò mai più a lavorare in quella casa.

Informatore: Nino Galofaro, novarese, elettricista, anni 64 (nel 2011).

I palazzi infestati

Si narra che in alcuni palazzetti di ex feudatari venivano seppelliti i corpicini di feti o bambini, frutti d'amore tra nobili e serve, in una di queste case una ragazza incinta per non cedere il bambino preferì sfracellarsi nel pozzo di luce interno. Diverse sono le persone che affermano di avere visto in uno di questi palazzi la sagoma di una bella signora che li salutava dall'interno, era vestita elegantemente e aveva capelli bianchi.

Informatore: Nino Galofaro, novarese, elettricista, anni 64 (nel 2011)

I briganti di Mazzaruto

All'interno della Valle del fiume Alcantara, in territorio di Castiglione di Sicilia, quasi al confine territoriale con Randazzo, vi è una vasta spianata lavica chiamata "Le sciare di Mazzaruto". Questo comprensorio fù interessato in epoche preistoriche e protostoriche, dal passaggio a più riprese di alcune imponenti colate laviche generate da fessure eruttive, verosimilmente apertesi a bassa quota. Dopo avere coperto di fuoco rigogliosi boschi, le lave invasero il letto del fiume, ne hanno ostruito e modificato il suo percorso e a causa della loro straordinaria fluidità, si riversarono nel mare di Giardini Naxos, generando Capo Schisò. Le "Sciare di Mazzaruto" presentano una serie di pietroni più o meno grossi, con un incavo nella parte superiore, che le fa somigliare a grandi trugoli, e che il popolo ritiene servissero ad abbeveratoio ai cavalli di un certo numero di briganti, che qualche secolo addietro abitavano in una grotta ivi presente, che non si è più potuta scoprire, ma che certamente deve aprirsi in quel piano. Audaci e feroci, questi briganti non cessavano di devastare i paesi vicini, tra l'Etna e il fiume Alcantara, ed una volta, anzi, spintisi sino a Novara di Sicilia, rubarono l'unica figlia del barone locale e portatala nella loro grotta ve la chiusero legata ad un anello infisso nella parete, di fronte ad un giovane muratore, che tenevano là dentro per le possibili riparazioni che la grotta richiedeva. Inutili furono le pratiche del povero padre per avere la figliola; tutte le offerte quei briganti rifiutarono, ed anzi, quasi ad aggiungere scherno all'offesa e per dimostrare che non avevano paura di nessuno, un giorno gli si presentarono vestiti da mietitori e gli si offersero per i lavori della stagione. Furono però conosciuti e senza che essi ne sapessero nulla, il barone seppe che i pretesi mietitori erano i ladri della sua figliola, sicché poté dare certe disposizioni. Fingendo di ascoltare e di accogliere le loro proposte, egli li inviò uno ad uno, per un piccolo corridoio, nella stanza dell'amministratore, che doveva prender nota dei loro nomi, e dare un acconto. Ma nessuno pervenne in quella stanza: un trabocchetto che si apriva nel corridoio li ingoiò dal primo all'ultimo e tolse al mondo tanti scellerati. Si cercò allora di rinvenire la grotta per riavere la baronessa, ma non vi riuscì e gli anni passarono e quella povera fanciulla col suo compagno vi morirono certamente d'inedia, perché non se ne ebbe più notizia, ed il barone dovè chiamarsi pago di avere vendicato la figliola che non aveva potuto ricuperare. Parecchi anni addietro, un pastorello che aveva il suo gregge nelle "Sciare di Mazzaruto", vide tra l'erba una pietra con un anello di ferro, ed alzatala trovò l'ingresso di un sotterraneo. Fattosi coraggio, scese la scala e fu ben presto nella grotta, in una prima stanza della quale erano dei commestibili invecchiati e guasti e nell'altra tre grandi mucchi di monete, uno d'oro, il secondo di argento e il terzo di rame. Alle due pareti laterali, legate agli anelli, due catene tenevano ancora avvinti due scheletri. Il pastore, senza badare ad altro, pensò a prendersi un sacco di monete d'oro e si avviò per uscire; sennonchè, quando era sull'ultimo scalino, una voce dall'interno lo trattenne: A te il denaro, e a me che resta ? Diceva questa voce. Spaventato, buttò allora il sacco e corse verso il paese, dove giunto dovette mettersi a letto per una febbre violenta che lo assalì. Pochi giorni dopo era morto, e da allora più nessuno ha potuto rivedere la grotta di Mazzaruto".

La casa infestata

Sin da quando ero piccola ho sempre avuto dei problemi a stare nella mia casa in montagna, a Novara di Sicilia. In quei tempi ero davvero molto piccola e la mia famiglia, essendo cristiana e seguendo le tradizioni, per la commemorazione dei defunti (tanto per restare in tema), era solita passare lì dei giorni, proprio perché i miei avi si trovano nel cimitero a pochi minuti dal paese. Sin da piccola ho sentito freddo in quei corridoi, c'è freddo anche d'estate. Quando entravo nelle stanze avevo paura, come se ci fosse qualcuno. Sentivo movimenti e il pavimento vibrava. A volte mi sentivo chiamare, a volte sentivo ventate di aria fredda anche con finestre e porte chiuse. E mi spaventavo, tremavo come una foglia. Ora, poco tempo fa, ho saputo che in quella casa ci sono presenze. Mi è stato detto che, oltre agli spiriti dei miei avi, ci sono anche due eggregori. Credo che avrò molto da fare la prossima volta che andrò a dormire lì. Per il resto, ho sempre visto ombre, sagome, tutto con la coda dell'occhio. Ma ho sempre pensato che fossi io a correre con la fantasia. Ora so che non è così.....Cerco di farci l'abitudine, che altro posso fare?

Informatrice anonima fonte internet

Il gioco del Maiorchino

Durante il periodo di carnevale a Novara si effettua la Sagra e il Torneo del "Maiorchino[28]",

Il torneo si svolge lungo il tradizionale percorso con partenza dalla Via Duomo fino alla Via Bellini e Piano Don Michele.

Il singolare torneo consiste nel far rotolare una forma di formaggio maiorchino stagionato lungo un percorso che si snoda per oltre due chilometri lungo le viuzze del paese. Giocano 16 squadre regolarmente di tre concorrenti, si parte da "cantuea da chiazza" (inizio via Duomo) arrivando fino ad un traguardo: "a sarva" (salva). Si lancia con una "lazzada" (laccio) di 1,00-1,20 metri circa, che consente al lancio maggiore forza, velocità e precisione. Si aggiudica la vittoria chi arriva primo con meno colpi a colpire "a sarva".

A volte ci sono degli imprevisti come prendere "spighi, catafulchi (fossi) o vaelle". Il gioco ha delle precise regole da rispettare, tra queste: ogni squadra deve indicare il proprio capitano che potrà conferire con i giudici di gara per far eventualmente valere le proprie ragioni; ogni squadra deve munirisi di una "lazzada" da attorcigliare al maiorchino per il lancio; inizia il gioco la squadra che risulta sorteggiata per prima (toccu); ogni contendente deve lanciare il maiorchino dal punto segnato, senza alcuna rincorsa,

---

[28] Il Maiorchino è un formaggio a pasta dura cruda; e' prodotto con latte ovino intero crudo a volte misto a capra, le attrezzature tradizionali sono la "quarara", la "brocca", la "Garbua"(fascera di legno), il "mastrello" (tavoliere di legno), le " fascedde"; http://www.terredeinebrodi.com/it_maiorchino.php)

facendo leva sul piede d'appoggio ("pedi fermu"); nel caso in cui il maiorchino nel corso della gara dovesse rompersi verrà sostituito con un'altra forma di maiorchino di uguale peso e il lancio precedente verrà ritenuto valido; alla fine di ogni gara il maiorchino dovrà essere restituito al circolo Olimpia (l'associazione che organizza il torneo e la sagra del maiorchino).

Gli spettatori tifano per l'uno o per l'altro contendente; si vive un'atmosfera di esultanza e di esaltazione, di emulazione e rivalità, di confronti e preferenze, di previsioni e pronostici, mentre, nel brusio della gente, partigiana di una o l'altra parte, si ascoltano voci che invitano a prestare attenzione all'imminente lancio della "maiorchìna" e si ridestano i ricordi di lanci "famosi" di giocatori che hanno fatto la storia del "gioco della maiorchìna". Come se si sfogliasse un vocabolario antico, si pronunciano, durante il giuoco, parole di lingue diverse. Si ascoltano parole ed accenti arcaici; sono parole che non si ripetono nell'anno, ma soltanto in occasione della sagra invernale novarese.[29] Il gioco è conosciuto anche in altre città col nome di ruzzola.[30]

---

[29]http://www.siciliainfesta.com/feste/sagra_del_maiorchino_novara_ di_sicilia .htm

[30] Riportiamo quella che è più vicina a quella di Novara cioè a Pontelandolfo in provincia di Benevento: La Ruzzola del Formaggio di Placida Signora - 31 gennaio 2008.

Il Barone di Pontelandolfo (Benevento), ricco possidente terriero, era un fanatico del gioco d'azzardo; ogni scusa era buona per fare una partita di qualcosa e mettere in palio poste sostanziose. Una sera dell'ultima domenica di Carnevale, iniziò a giocare a carte con Pasquale, un suo bracciante; fu una competizione estenuante, che vedeva continue vittorie e sconfitte alternate fra i due. Si concluse all'alba, con Pasquale che vinse al Barone due cascine e delle colline da pascolo. Avvenne però che le mucche brade del Barone, impipandosene delle regole di gioco, continuarono serafiche a brucar l'erbetta di quelle colline non più appartenenti al loro padrone. Pasquale allora disse al Barone: "Visto che sono io che sfamo le tue vacche, ho diritto a una parte del cacio che produci col loro latte". Ma quello rispose: "Manco per l'anima! Brucano erba che era già cresciuta prima della tua vincita: ergo è ancora roba mia". Gli abitanti di Pontelandolfo, come sempre accade, si divisero in due accese fazioni; chi tifava per Pasquale, chi per il Barone. Non solo, ma il nobile come pubblico scherno fece appendere una notte una grossa forma di formaggio al balcone della casa di Pasquale il quale, furibondo ma saggio, onde evitare faide civili lo sfidò a singolar tenzone: "Quello che è nato dal gioco nel gioco finisca: t'aspetto domattina in piazza". La mattina i due, circondati da un'ala di folla urlante, si sfidarono a una partita di "*Ruzzola del Formaggio*". E dice la leggenda che la partita non ebbe mai fine, visto che tutt'oggi i loro fantasmi continuano a svolgerla nel cuore delle notti di Carnevale. Perciò la

Storia della ruzzola

Le Ruote di fuoco

"Per alcuni la festa di S. Giovanni sarebbe la trasformazione di un antico culto solare (un riferimento preciso è reperibile nella festa romana del 24 giugno indicata come "solstitium" o "campas"), che rivela quindi radici profonde nella tradizione rituale precristiana. (Il 24 giugno è anche il giorno della festa della Massoneria N.d.A.). Un esempio del culto solare in ambito agricolo è rappresentato dal tradizionale gioco delle "ruzzole" praticato nell'Appennino modenese (ma attestato con piccole varianti anche in altre aree). Questa tradizione, che qualcuno vuole celtica e qualcun altro pre-celtica, ha trovato la sua massima espressione nel lancio di grandi ruote di legno accese e non di rado inghirlandate. Il lancio delle ruote infuocate è ancora vivo con le "cìdulis" delle Alpi orientali del Friuli; normalmente, prima di lanciare la sua "cìdule", il lanciatore grida «vòdi cheste cìdule onor di...» (dedico questa ruota di fuoco in onore a...) e accompagna l'esclamazione con il nome del santo festeggiato (il rituale, rifiorito in tempi recenti, si può ripetere anche in occasione dell'Epifania e di vari santi patroni locali). Queste ruote avvolte di paglia e incendiate, di cui si trova esempio anche in altre aree europee e spesso collegate al falò rituale, sono state interpretate come tentativi di ricostruzione simbolica del ciclo solare."[31]

Ruzzola è diventata il gioco ufficiale carnascialesco di Pontelandolfo, dove dal 1861 i contendenti, partendo da Piazza Roma, corrono sino a Palazzo San Rocco e viceversa lanciando e facendo "*ruzzolare*" forme di formaggio dal peso variabile dai 6 ai 30 kg attorno alle quali, un po' come per le trottole, è legato uno spago (zagaglia) legato al polso del concorrente. Vince chi arriva al traguardo utilizzando il minor numero di "cùlp" (lanci). Trattandosi di gioco d'origine contadina (riconosciuto oggi ufficialmente dal Coni), la Ruzzola è diffusa in molte regioni italiane (Garfagnana, Emilia, Lazio, Abruzzo, Marche, Calabria, Valdaosta ecc). Spesso il cacio è sostituito da un disco in legno più o meno dalla stessa forma, ma dal peso minore.

[31] cfr: http://www.ilportaledelmistero.net/articolo0241.html

Nella zona del Fermano, è un decreto che ne vieta la pratica sulle strade principali del Sicuramente a fine impero romano il gioco era praticato; infatti nella tomba di un bambino è stata rinvenuta una ruzzola con lo spago. Il documento storico più significativo, che dimostra la diffusione di questo sport, in modo particolare paese.

A S. Elpidio a Mare infatti nel 1571 fu stampata una raccolta di decreti ("Statutorum ecclesiasticae terrae Sancti Elpidii volumen"), disposizioni che gli esperti ritengono risalire, in molti casi, anche a alcuni secoli precedenti. Al libro IV, rubrica 88, tali statuti (che sono in latino) recitano: "A nessuno sia lecito giocare a ruzzola o a formaggio ad rotulam vel caseum per le strade interne alla nostra terra (all'abitato) sotto pena di 4 libbre di multa per ciascuno ed anche fuori di detta terra, per le vie che conducono a S. Maria del Gesù dell'Osservanza e a S. Agostino Vecchio, sotto pena di 40 soldi per ciascuno.

L'immagine più antica della Ruzzola è etrusca, si trova nell'affresco della Tomba dell'Olimpiade a Tarquinia: un atleta, *il cosiddetto Discobolo* (Sator), colto nell'atto di lanciare un "disco" bianco, grande e spesso, che altro non è se non una forma di pecorino stagionato.

Di Ruzzola parla, con finale leggermente lapalissiano, persino Galileo nel "*Dialogo sopra i Massimi Sistemi*", citando Aristotele a proposito del moto rotatorio: "*Sagredo*: Questo primo depende da un altro; il quale è, onde avvenga che, tirando la ruzzola con lo spago, assai piú lontano ed in conseguenza con maggior forza va, che tirata con la semplice mano.

Simplicio: Aristotile ancora fa non so che problemi intorno a questi proietti.

Salviati: Sì, e molto ingegnosi, ed in particolare quello onde avvenga che le ruzzole tonde vanno meglio che le quadre.

Il Ruzzolone:
Una tradizione frignanese

Nel 1598 il podestà di Villa Minozzo (RE) stabilì che la posta da porre in gioco doveva essere "non più del valore della forma di formaggio" e che il premio per il vincitore era la forma dell'avversario perdente.

Famosissima l'incisione (1702) del pittore bolognese Giuseppe Maria Mitelli, sulla quale, insieme ad altri 19 giochi (trottola, bocce, birilli a 9, pallamaglio, pallacorda, pallone con bracciale, lippa, etc...), è chiaramente indicata la "ruzzola".

A Sestola (maggio 1761) il Governatore Luigi Sforza, per limitare i danni materiali che tale usanza provocava e per rispondere alle lamentele della comunità di Fiumalbo, proibì di giocare "alla ruzzola, tanto con il legno quanto con il formaggio", consentendola solo nel periodo di Carnevale.

Il pittore romano Bartolomeo Pinelli (1781-1835) fece, nel 1809, un'incisione in cui rappresentava "giocatori di ruzzola".

Il famoso poeta romanesco Gioacchino Belli (1791-1863) scrisse il sonetto "Er gioco de la ruzzica".

Il periodico mensile "IL MONTANARO", edito a Pievepelago, pubblicò (marzo 1884) il racconto di "Gran partita al ruzzolone da Pievepelago a Barigazzo", in cui fece anche i nomi dei giocatori,

Interpretazione esoterica del gioco del maiorchino: la gara come metafora della vita

La gara del maiorchino ricorda per certi aspetti altri antichi giochi intrisi di valenze esoteriche quali il gioco della trottola, il gioco dell'oca e quello della kubeia. A nostro avviso il binomio giocatore/maiorchino rappresenta l'unione corpo/anima; nel momento in cui il maiorchino sfugge il corpo l'insegue, la corda rappresenta il destino o il legame che li tiene uniti. La ruota può proseguire per percorsi diversi più o meno lunghi grazie alla energia iniziale che le è stata data; quindi vi è un misto di bravura, forza e intelligenza, ma anche fortuna in base al tragitto che il maiorchino segue, tracciato che un tempo poteva essere facilitato dal solco di un carretto ad esempio o intralciato da un sassolino che può fare cadere la forma o deviarla verso percorsi errati. Il maiorchino dovrebbe continuare per via Ingegnere Scandurra (già via teatro) per raggiungere la "Salva". Se il maiorchino devia o prende strade diverse si perdono colpi così come nel gioco dell'oca e bisogna ritornare indietro, simbolicamente essi rappresentano gli ostacoli che si incontrano nella vita. Raggiunto l'obiettivo il corpo e l'anima si ricongiungono definitivamente per la salvezza.

Glossario

L'Acacia: È un'erba che non appassisce e richiama il concetto di immortalità. E' sicuramente il più importante simbolo vegetale della Massoneria. L'origine di questo simbolo è legata al mito di Hiram, l'architetto del Tempio di Gerusalemme. Dopo la sua morte, infatti, i suoi assassini ne nascosero il cadavere inumandolo, ma sulla sua tomba germogliò un ramo di acacia che ne rivelò la presenza, simboleggiandone al tempo stesso la rinascita a nuova vita. Tra le varie etimologie proposte per la parola, quella dal greco a-kakon allude all'assenza della malvagità, all'innocenza. Secondo la Bibbia, l'Arca dell'alleanza era in legno d'acacia dorato; sacra presso gli egizi ed anche tra gli arabi, l'acacia è il simbolo della speranza e della persistenza dell'anima oltre la soglia della morte fisica, e della conservazione dell'energia indistruttibile della vita.

Colonne: Poste all'ingresso del Tempio, a occidente, in ricordo di quelle che Hiram pose all'ingresso del Tempio di Salomone, simboleggiano la dualità. Quella sormontata da tre melagrane si riferisce all'elemento femminile, all'Aria soffio che alimenta la vita, sensibilità femminile, Mercurio dei Saggi; l'altra, che porta il Globo, a quello maschile al Fuoco, ardore vitale divorante, attività, Zolfo degli Alchimisti. È allora nella duplicazione del simbolo-colonna che si esalta la dicotomia tra verticale e orizzontale, tra valori terreni-ctonii e aerei-uranii, tradizionalmente fatta di ricerca degli opposti e dei complementari. Storicamente, oltre che architettonicamente, "colonna" ha connotazioni di altezza, forza, tensione, robustezza, strutturalità. Il dominio sugli elementi, gli uomini, se stessi, ma esercitato attraverso la potenza controllata e disciplinata. Colonna è, ancora, perpendicolarità, stabilità, equilibrio, gioco controllato delle dinamiche che salgono e scendono, nervo di trasmissione delle energie tra basso e alto. Patto incrollabile, fondamento del rapporto col divino, la stabilità significata dalla colonna gemella completa dialetticamente il ruolo delle fondamenta dell'edificio interiore che il libero muratore deve poter disegnare e realizzare.

Fontana di Piazza Duomo (foto C.Rapisarda)

Fune (o corda) : secondo gli antichi Sumeri (da cui nacque la tradizione babilonese) il mondo era cinto da una corda chiamata appunto “la corda del mondo”, rappresentante “le acque che lo avvolgono e che uniscono il Cielo alla Terra”. Nella religione Cristiana si ricollega al simbolo dell’ascensione. Nella massoneria rappresenta i legami tra i Massoni.

Fune al lavoro di Salvatore Buemi 15-08-1950 (foto R.Torre)

Compasso: emblema delle scienze esatte, simbolo della prudenza, della giustizia e della sincerità. Nella massoneria è associato spesso alla squadra. Il compasso simboleggia lo spirito o la mente.

Stemma ingresso Palazzo Stancanelli (foto C.Rapisarda)

Delta: detto anche Triangolo di Salomone, il Triangolo Equilatero prende il suo nome dalla forma maiuscola della quarta lettera dell'alfabeto greco. Rappresentazione geometrica del tre (la triplicità è di fondamentale importanza nella simbologia muratoria), nella tradizione pitagorica simboleggia l'**ascesa** del molteplice all'Uno, in quella cristiana la trinità, e compare in molte altre teosofie come simbolo della divinità come perfezione. Nel Tempio, il Delta luminoso è posto a Oriente

La fenice è l'uccello mitologico della reincarnazione attraverso la prova del fuoco. La fenice brucia se stessa, alla fine della sua vita, seguita da una nuova fenice risorge dalle proprie ceneri. Ed è anche estremamente longevo e in grado di guarire spontaneamente, è quindi un simbolo di immortalità, resurrezione e la rigenerazione. Nei tempi antichi, è stato incorporato nel mitologie di molte culture, e nel periodo medievale, divenne un simbolo di Cristo.

Labirinto - l'immagine del lavoro interno della Grande Opera e delle sue difficoltà maggiori. Esso indica la via da seguire per raggiungere il centro, dove l'adepto si realizza integralmente dopo la morte e la rinascita spirituali.

La noce- evoca il ternario sacro che presiede a ogni manifestazione: corpo (guscio), spirito (pellicola intorno al frutto) e anima (la polpa), è il segreto protetto dagli sguardi dei profani grazie al suo involucro. Il noce era un albero profetico per i Greci cfr.http://www.mitiemisteri.it/esoterismo/alberi/noce.html

A Roma la noce diventa attributo di Diana, equivalente latina di Artemide. Ed è proprio dall'associazione con la dea romana che la reputazione del frutto si colora di quell'aura magico-stregonesca che non l'abbandonerà più. Soprattutto da quando il cristianesimo trasforma gli antichi dei pagani in dèmoni. Da quel momento Diana diventa la regina delle streghe che, proprio in suo nome vengono soprannominate janare, corruzione popolare di Dianare.
Così il noce diventa il simbolo della stregoneria femminile. Secondo una credenza diffusa in tutta l'Europa medievale e moderna, le seguaci di Diana in certe notti dell'anno si riunivano sotto il noce di Benevento per celebrare il loro sabba infernale.
cfr.:http://www.federexportcampania.it/index.php?option= com_docma...

Quadrato magico *Il SATOR* degli scavi di Pompei (***ITALY***)79 d C ca

Il *triangolo* riportato sopra il "*quadrato magico*" (di *Pompei*) in esame, con il vertice dell'angolo minore puntato verso la "O" di "ROTAS", rappresenta le varie pendenze dello *striscio*, cioè il campo di ruzzole, che poteva essere ottenuto anche con tratti successivi di strade opportunamente predisposte. La parola "ANO" sottostante a questo "*quadrato*", che significa "NELL'ANELLO", ci dice che "REPUS" **<=>** lo "STRISCIO" era una pista ad anello, cioè chiusa, nella quale si poteva raggiungere il punto di partenza senza tornare indietro. Ciò è confermato dal fatto che, come detto, il vertice dell'angolo minore del triangolo delle pendenze è puntato verso la lettera alfabetica "O" (*a forma di anello*) della parola "ROTAS". Anni fa in alcuni paesi *italo-albanesi* per ruzzole, che normalmente sono dischi in legno duro, venivano usate "pezze" (*forme*) di formaggio pecorino stagionato, molto dure e resistenti, lanciate lungo i tratturi, ed il gioco in lingua *italo-albanese* (*spezzanese*) si chiamava "RROLË" o "RROLI", che si pronunciano rispettivamente "RROGLË" con la "Ë" muta e "RROGLI". Il quadrato magico "SATOR AREPO TENET OPERA ROTAS" in traduzione letterale significa “Il seminatore Arepo guida con fatica le ruote”.

La soluzione del quadrato magico è: Dio è l’inizio e la fine di tutte le cose.

Loto è un fiore che germoglia pulito ed immacolato in mezzo al fango e si innalza al cielo è simbolo di purezza spirituale. In occidente è sostituito con la rosa. il *fiore di loto* è considerato *simbolo* di immortalità e di resurrezione.

Kubeia: nome greco del millenario gioco iniziatico fanciullesco già conosciuto in Mesopotamia, Egitto, India e Cina; in Sicilia è conosciuto come sciancatedda, detto anche la (settima) campana, la settimana o il mondo. Il giocatore o l'iniziato che parte simbolicamente da Terra deve raggiungere il Cielo, il Paradiso la vita eterna.; ciò si fa conquistando a piede zoppo una piastrella (o sasso) nei sette quadranti (pianeti o giorni della settimana) di una figura cruciforme disegnata sul suolo. La piastrella che rappresenta l'anima viene lanciata dai giocatori e non deve cadere fuori dai quadranti o sulle linee. Perché dalla terra al Cielo non vi sono frontiere, zone di demarcazione, riposo. Realizzando il suo percorso l'uomo coltiva le sue abilità.

Spirale: il significato è legato al concetto di 'labirinto', di viaggio da noi se stessi verso un nostro centro, e viceversa. È anche Solare perché implica un concetto di 'ciclicità', che gli Antichi vedevano soprattutto nell'astro più "imponente"e vitale, il Sole, il cui moto apparente doveva sembrare un viaggio attraverso un percorso regolare, diurno perché tangibile nel suo 'andare' ma avevano capito che era anche notturno,andando a 'nascondersi' in qualche antro invisibile all'occhio umano, ma poi ricompariva puntualmente, e il ciclo ricominciava, e così avevano appurato la durata del giorno,dello scorrere delle stagioni, sapevano che tutto si svolge dentro un circolo, o una spirale. Rappresentando questo movimento, ci hanno trasmesso un concetto fondamentale. La doppia spirale ad avvolgimento opposto è un simbolo dei cambiamenti lunari e del tuono è dunque una espressione grafica del simbolismo della fecondità, ma anche simbolo del viaggio dell'anima dopo la morte.

Chiesa di San Giorgio (particolare della facciata-foto C.Rapisarda)

Triangolo: Nella storia delle religioni, il triangolo è considerato simbolo di perfezione. Si ritrova tanto nel mito quanto nel culto delle grandi religioni politeiste; a volte è formato secondo le leggi dell'associazione umana, come nel caso della famiglia divina protettrice dell'antico Egitto (Osiride, Iside ed Horus), nella religione cristiana, o di Giove, Giunone e Minerva nella religione romana. Altre volte è formato da divinità rappresentanti elementi naturali, come nel caso babilonese di Anu (cielo), Enlil (aria e terra) ed Ea (oceano).

Il triangolo massonico può essere letto simbolicamente anche come vettore direzionale: nella sua verticalità apicale simbolizzando il lavoro (o meglio la dinamix della Massoneria rivolta alla gloria del Grande Architetto dell'Universo.

Il triangolo con il vertice in alto ha un significato solare e simboleggia la via, il fuoco, la fiamma, il calore, il principio maschile.

Il santo Graal: Molte tradizioni esoteriche hanno inteso sotto il nome Graal il simbolo della Conoscenza, della Sapienza, Tradizione Arcaica o Primordiale. Il Graal rappresenterebbe dunque la "Parola Perduta" cioè quella conoscenza che doveva essere concessa all'"Uomo dell'Eden" ed il cui simbolo era rappresentato dall'Albero della Vita.

Il Graal rappresenta il Cristo morto per gli uomini. La tavola su cui è posto il vaso è in tre piani, la pietra del Santo sepolcro, la tavola dei dodici Apostoli e l'altare su cui si celebra il sacrificio quotidiano. Crocifisso, Cena, Eucarestia

La **conchiglia** simbolo di fecondità ma anche collegato all'idea della morte.

Il **vaso** è il simbolo dell'intelligenza e dell'amore che sparge la grazia e le benedizioni nella valle.

Casa Suor Maria Teresa Fontana (foto R.Torre)

Bibliografia

Gian Battista Basile, *Il Pentamerone ossia la fiaba delle fiabe*, Bari, Laterza, 1925.
Gaetano Borghese, *Novara di Sicilia, Notizie storiche di Gaetano Borghese, illustrato*, Milano, Tipolitografia di Regis e Comp., 1875.
Emanuele Ciaceri, *Culti e Miti nella storia dell'antica Sicilia*, Catania, Battiato, 1911
Giuseppe Cocchiara, *Genesi di Leggende*, Palermo, Palumbo, 1949.
Ninfa Costanzo, *Racconti e canti popolari di Paternò*, (Tesi di laurea), Catania, A.A. 1950-51.
Santi Correnti, *Leggende di Sicilia,* Milano, Longanesi, 1975.
Benedetto Croce, *La filosofia di G.B. Vico*, Bari, Laterza, 1922.
Antonio D'Amato, *Poesie. Leggende popolari religiose*, Catania, Libreria Tirelli, 1927.
Hippolyte Delehaye, *Leggende agiografiche*, Firenze, Libreria Editrice Fiorentina 1906.
Hardouin Di Belmonte, *Trinacria Olimpica*, Palermo, Flaccovio, 1953
Vittorio Di Giacomo, *Leggende del Diavolo*, Bologna, Cappelli, 1962
Ugo di Natale, *Novara di Sicilia ed i suoi figli nel tempo*, Milazzo- Palermo, Sicilia Nuova editrice, 1968.
Vincenzo Di Giovanni, Giuseppe Pitrè, Salvatore Salomone Marino, *Nuove effemeridi siciliane*, Palermo,Tipografia del giornale di Sicilia, 1876.
Salvatore Di Pietro, *Novara di Sicilia e il suo territorio,* vol. II, Palermo, Tipografia Pontificia, 1914.
Giuseppe Flandina, *Nonno Racconta*, Anitrella (FR), Canettieri, 2005
James Hall, *Dizionario dei soggetti e dei simboli dell'arte,* Milano, Longanesi, 1983.
Vittoria Gigante, *Un fuoco da accendere*, Messina,ed Sfameri, 2004.
Nino Granato, *I monaci cistercensi in S.Basilio di Novara di Sicilia*, Barcellona P.G. (ME), tipografia Merlino,1987.
Lucien Laberthonnière, *Il realismo cristiano e l'idealismo greco*, Firenze, Vallechi, 1922.
Lutz Mackensen, *Gli studi sul patrimonio narrativo*, Roma, **1939**.
Macrina Marilena Maffei, *La danza delle streghe: cunti e credenze dell'arcipelago eoliano,* Roma, Armando, 2008
Mario Mandalari, *Ricordi di Sicilia*, Vol. III, Catania, Giannotta, 1899.
Francesco Maurolico, *Sicanicarum rerum compendium*, Messanae, typ. V. Maffei, 1562.
Giuseppe Messina, *Dizionario di mitologia classica*, Roma, Signorello, 1960.
Vincenzo Parisi, *I luoghi e le leggende delle "trovature" nel territorio di Pate*rnò, (Tesi di laurea), Catania, A.A. 1960-61.
Giuseppe Pitré, *Fiabe, novelle e racconti popolari siciliani* (quattro volumi, in tutti i dialetti della Sicilia, 1841-1916) e altre raccolte: *Saggio di fiabe e novelle popolari siciliane*, Palermo, Pedone Lauriel, 1875.
Giuseppe Pitré, *La famiglia, la casa e la vita del popolo siciliano*, Palermo, Libreria internazionale A. Reber, 1913.
Giuseppe Pitré, *Usi, costumi, credenze e pregiudizi del popolo siciliano,* Palermo, L. Pedone Lauriel, 1889.
Giuseppe Pitré, *Nuovo Saggio di Novelle e fiabe popolari siciliane*, Imola, Tipografia D'Ignazio Galeati e figlio, 1873.
Giuseppe Pitré, *Novelline popolari siciliane raccolte in Palermo*, Palermo, L. Pedone

Lauriel, 1873.
Giuseppe Pitré, *Studi di leggende popolari in Sicilia e Nuova raccolta di leggende siciliane*,Torino, 1904.
Salvatore Raccuglia, *Leggende plutoniche in Sicilia*, in "Arch. Trad. Pop.", V, XIX, 1990.
Carmine Rapisarda, *Culti miti e leggende nel territorio di Paternò*, Paternò, ass B.Rapisarda, 2003.
Carmine Rapisarda, *Simboli esoterici nei monumenti della provincia di Catania,* Catania, EDA, 2002.
Giovanni Tropea, *Effetti di simbiosi linguistica nelle parlate galloitaliche di Aidone, Nicosia e Novara di Sicilia, 1966*
Salvatore Trovato, *La documentazione del dialetto di Novara di Sicilia,* in *Progetto Galloitalici, Saggi e Materiali 2*, a cura di S.C.Trovato, Enna, Il Lunario, 1995

Sitografia

http://sicilia.indettaglio.it/ita/comuni/me/novaradisicilia/novaradisicilia.html
http://www.oocities.com/imbesid/novaradue.htm.
http://www.mitiemisteri.it/esoterismo/alberi/noce.html
http://www.federexportcampania.it/index.php?option=com_docma...
http://www.francavillaangitola.com/mappa/pages/la_chioccia.htm
http://www.novaradisicilia.com/?mid=U+jiditu+d%E2%80%99aposturu
http://www.terredeinebrodi.com/it_maiorchino.php
http://www.siciliainfesta.com/feste/sagra_del_maiorchino_novara_di_sicilia.htm
http://www.canino.info/inserti/monografie/etruschi/tombe_tarquinia/
Olimpiadi/slides/Olimpiadi_7.htms.

INDICE

Finito di stampare nel mese di novembre 2012
a Raleigh USA per conto dell'autore
IV edizione

www.ingramcontent.com/pod-product-compliance
Ingram Content Group UK Ltd.
Pitfield, Milton Keynes, MK11 3LW, UK
UKHW020230250726
13967UKWH00001B/289

9 781291 077636